The Urbana Free Library

To renew: call **217-367-4057**
or go to **urbanafreelibrary.org**
and select **My Account**

Índice

Rourke
Educational Media
rourkeeducationalmedia.com

¿Puedes encontrar estas palabras?

agente

ayudantes

doctora

guardia

Ayudantes del barrio

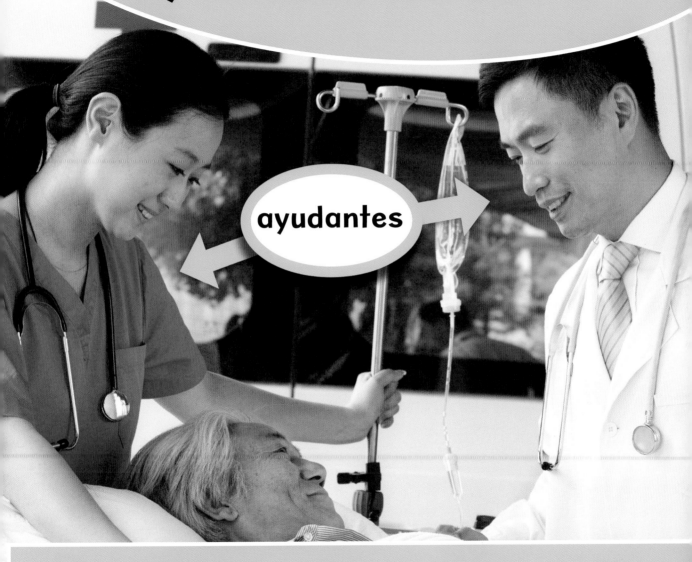

ayudantes

Los **ayudantes** están en todas partes.

Un **guardia** para cruces sostiene un letrero rojo.

Un **agente** de policía también es un ayudante.

agente

Nos muestra el camino si nos perdemos.

Una **doctora** ayuda cuando estamos enfermos.

doctora

Revisa nuestras gargantas y oídos.

Un cartero es un ayudante.

Nos trae el correo.

Una maestra nos ayuda a leer y a escribir.

¿Cómo puedes ser un ayudante hoy?

¿Encontraste estas palabras?

Un **agente** de policía también es un ayudante.

Los **ayudantes** están en todas partes.

Una **doctora** ayuda cuando estamos enfermos.

Un **guardia** para cruces sostiene un letrero rojo.

Glosario fotográfico

 **agente:** alguien que está a cargo, o una figura de autoridad.

 **ayudantes:** personas que ayudan a alguien.

 **doctor:** alguien que recibe formación para tratar personas que están enfermas o heridas.

 **guardia:** alguien cuya labor es proteger personas o lugares. Un guardia para cruces protege a las personas mientras cruzan la calle.

Índice analítico

Sobre la autora

Katy Duffield es una autora a la que le gusta ayudar a las personas. Ayuda a su esposo a usar la computadora. Ayuda a su nieta con las fotos a color. También le encanta ayudar a Pedro, su perro. Pedro necesita mucha ayuda. ¡Especialmente cuando se enreda en su correa!

www.rourkeeducationalmedia.com

PHOTO CREDITS:

Edición: Keli Sipperley
Diseño de la tapa: Kathy Walsh
Diseño interior: Rhea Magaro-Wallace
Traducción: Santiago Ochoa
Edición en español: Base Tres

Library of Congress PCN Data
Ayudantes del barrio / Katy Duffield
(Mi mundo)
ISBN (hard cover - spanish)(alk. paper) 978-1-64156-923-1
ISBN (soft cover - spanish) 978-1-64156-947-7
ISBN (e-Book - spanish) 978-1-64156-971-2
ISBN (hard cover - english)(alk. paper) 978-1-64156-199-0
ISBN (soft cover - english) 978-1-64156-255-3
ISBN (e-Book - english) 978-1-64156-304-8
Library of Congress Control Number: 2018955978

Printed in the United States of America, North Mankato, Minnesota